Xe CONGRÈS NATIONAL DES PÊCHES
ET INDUSTRIES MARITIMES, ALGER 1927

SIXIÈME SECTION

L'ENSEIGNEMENT MARITIME

à l'École élémentaire et au Cours d'adultes

PAR

M. Maurice ROGER

Inspecteur général de l'Instruction publique

ORLÉANS

IMPRIMERIE DU LOIRET

37-39, rue du Bourdon-Blanc, 37-39

1928

SIXIÈME SECTION

L'ENSEIGNEMENT MARITIME

à l'École élémentaire et au Cours d'adultes

PAR

M. Maurice ROGER

Inspecteur général de l'Instruction publique

ORLÉANS

IMPRIMERIE DU LOIRET

37-39, rue du Bourdon-Blanc, 37-39

1928

L'Enseignement maritime
à l'École élémentaire et au Cours d'adultes

par M. Maurice ROGER,

Inspecteur général de l'Instruction publique (1)

I. — NÉCESSITÉ DE L'ENSEIGNEMENT MARITIME

Nation agricole, nation industrielle et commerçante, nation maritime, la France doit préparer de la main-d'œuvre et des cadres pour les trois formes de son activité productrice. On ne saurait négliger aucune partie de cette tâche, sans rompre l'harmonie économique du pays. A la base de cette préparation se trouve l'enseignement élémentaire, aussi indispensable pour la formation de l'ouvrier futur que pour celle de l'homme et du citoyen. L'école primaire donne et doit donner un enseignement général. Mais, suivant les régions et même les localités, suivant les probabilités d'emploi pour l'avenir, certains exercices, en particulier les leçons de choses, peuvent recevoir une orientation spéciale. Aussi bien, en rattachant l'enseignement à l'ambiance, on le vivifie et l'on favorise singulièrement l'esprit d'observation qui doit jouer un rôle prépondérant dans toute l'éducation.

Sur cette base il faut construire. Il importe aussi bien aux individus qu'à la nation qu'une suite soit donnée à l'école primaire, et qu'après 13 ans, tous reçoivent un complément d'instruction générale et une éducation professionnelle.

La loi du 25 juillet 1919 a pourvu aux besoins de l'industrie. Elle est en pleine application et ses résultats croissent d'année en année. La loi du 2 août 1918 a tracé un plan d'enseignement agricole. Pour des raisons diverses, son efficacité est, jusqu'ici, beaucoup moindre. Aucune loi spéciale ne prévoit l'apprentissage des marins ni des pêcheurs. En fait, une loi spéciale était inutile. Les industries de la mer rentrent dans le cadre de la loi du 25 juillet 1919 et les armateurs sont assujettis à la taxe d'apprentissage. Des cours de ce type fonctionnent dans un certain nombre de localités. Mais il n'est pas généralement compris que l'apprentissage du

---

(1) Rapport présenté au Xᵉ Congrès national des pêches et industries maritimes (Alger, 1927, 6ᵉ section).

marin, du pêcheur, comme celui du mécanicien, doit être nettement assimilé à l'apprentissage dans les autres industries.

C'est que, traditionnellement, dans le monde des marins-pêcheurs, tout apprentissage est réputé inutile. C'est encore une opinion courante que, pour gagner sa vie, bien ou mal, il suffit des connaissances ou plutôt des habitudes acquises par la pratique.

Or, la navigation hauturière, le développement des moteurs, les progrès scientifiques, l'industrialisation de la pêche rendent indispensable une formation technique, sans parler des industries annexes, conservation du poisson, utilisation des déchets, etc., qui, sur terre, exigent un personnel en partie spécialisé.

« La pêche, disait M. Maurice Ajam, au Congrès de Bordeaux (1925), a cessé d'être une routine, un art empirique, pour devenir une industrie organisée scientifiquement ». Et, remarquant que, pendant un siècle, le laboratoire était demeuré sans relation avec l'usine, M. Ajam ajoutait : « Maintenant, la liaison s'est établie et nos Congrès ont peu à peu précisé, dans leurs délibérations approfondies, le programme méthodique soumis à l'effort de nos armateurs et de nos marins ». D'ailleurs, on n'a qu'à lire le programme du Congrès pour se rendre compte de la complexité des industries de la mer opposées à ce qu'elles étaient autrefois. On voit surtout, en général, la substitution de la marine à vapeur ou à moteur à la marine à voile. Mais ce n'est pas là seulement qu'apparaît la nécessité de l'apprentissage. Au même Congrès de Bordeaux, M. Daniélou rappelait les travaux de l'Office scientifique et technique des Pêches, les résultats obtenus « pour l'étude de la marche des courants et des variations de la température des eaux, en vue de déterminer les déplacements des poissons migrateurs, leur nourriture et leur développement ; les études sur les procédés de conservation du poisson, sur la teinture et le tannage des filets, et enfin sur l'utilisation industrielle des algues ».

De là toute une série de notions nouvelles dont la connaissance intéresse directement le rendement.

D'autres faits, d'ordre économique, démontrent la nécessité d'un apprentissage capable d'améliorer les conditions de la pêche.

Au Congrès de Bordeaux, M. Daniélou, sous-secrétaire d'État de la Marine marchande, opposait les 620 millions de francs, rendement de la pêche en France, aux 2 milliards 160 millions de francs pour les Iles Britanniques. Il montrait nos importations dépassant les exportations de 291.000 (exportation : 359.000 quintaux ; importation : 650.000 quintaux), et cela alors que le Français consomme 5 kilos de poisson, la consommation de l'Anglais étant de 12 à 14 kilos.

Or, si l'on compare le nombre des pêcheurs en France et en Grande-Bretagne, on voit que ce nombre est de beaucoup supérieur en France. Je trouve, dans *Mer et Colonies*, l'intéressant organe de la *Ligue maritime française*, sous la plume de M. Legendre, sous-directeur du laboratoire maritime du Collège de France à Concarneau, les chiffres suivants, donnés pour 1913, afin d'écarter toute notion de change :

	FRANCE	GRANDE-BRETAGNE
Nombre de pêcheurs	160.000	103.000
Nombre de bateaux	28.000	22.500
Nombre de vapeurs	350	2.000
Quantité des produits pêchés (t.)..	174.000	1.224.000
Valeur des produits pêchés.. Frs.	120.000.000	331.000.000
Prix moyen du kilo........ Cent.	70	30

Depuis, des changements se sont produits. Le nombre de pêcheurs, pour 1923, s'est abaissé à 121.223, tandis que la proportion des vapeurs ou bateaux à moteur s'élevait fortement. Néanmoins, pour soutenir notre marché et accroître la consommation du poisson, il faut compter plus sur le perfectionnement de l'outillage et la formation de la main-d'œuvre que sur l'élévation des tarifs douaniers.

Pour les industries de la mer, comme pour les autres, l'apprentissage est donc nécessaire. Mais, pour organiser l'apprentissage maritime, il faut trouver des apprentis, c'est-à-dire des jeunes gens qui ne renoncent pas au métier de pêcheur et qui, s'ils y restent, se prêtent à recevoir une formation professionnelle.

Or l'on aperçoit les signes d'un exode maritime, comme on voit ceux d'un exode rural. L'évasion se produit à la sortie de l'école, m'a-t-on dit dans deux quartiers, après le service militaire, m'a-t-on dit ailleurs. Il a même fallu prendre des mesures pour que des enfants ne se destinant pas au métier de pêcheur ne se fissent pas immatriculer sur les registres de l'inscription pour un temps très court de navigation. Ils bénéficiaient ainsi des dispositions de la loi du 11 janvier 1910 qui permettent aux candidats à l'inscription provisoire de se présenter au certificat d'études dès 11 ans révolus. Une fois en possession du diplôme, ils abandonnaient la marine. Le diplôme ne leur est plus délivré que sur justification de l'accomplissement d'une période minima de six mois d'embarquement ou, à défaut, à l'âge de 13 ans révolus.

Sur les côtes, comme dans les localités agricoles, les appels de l'usine, des chemins de fer, de l'industrie hôtelière, le goût des fonctions publiques les plus modestes provoquent, parmi les fils de pêcheurs, de trop nombreuses désertions. Dans certaines régions, c'est au bénéfice de l'agriculture que la mer est abandonnée. Dans l'Aude et dans l'Hérault, la culture de la vigne, si rémunératrice dans ces dernières années, a enlevé des bras à la pêche. Ailleurs, dans l'Ille-et-Vilaine, par exemple, la culture maraîchère occupe des hommes qui jadis auraient été embarqués. Si l'on ajoute à cela les pertes de la guerre qui ont si cruellement frappé les populations côtières, la dénatalité qui a suivi, la diminution des avantages qu'offre actuellement l'inscription maritime, etc., on comprend que le nombre des jeunes pêcheurs se soit abaissé. Tant mieux, m'a dit quelqu'un : l'évolution actuelle de la pêche a pour effet de restreindre la main-d'œuvre ; la crise du machinisme serait ainsi atténuée par l'absorption des jeunes dans d'autres emplois. Et, de fait, les chiffres comparatifs cités plus haut indiquent un rendement plus considérable avec un personnel très inférieur en nombre. Je n'ai entendu cette opinion qu'une fois. Partout ailleurs, cet exode inspire de l'inquiétude. D'un port à l'autre, les conditions changent, ce qui explique la diversité et même la contradiction des avis. Dans deux écoles primaires où se donne l'enseignement maritime, j'ai interrogé des enfants, fils de pêcheurs, qui arrivent à la fin de la scolarité : aucun ne se destine à la profession paternelle.

Si, sur ce point, les avis sont partagés, l'accord est à peu près unanime sur l'indifférence opposée par la majorité des adolescents et des adultes à l'éducation professionnelle.

En 1922, M. Henry, alors Inspecteur d'académie du Morbihan, et qui, toute sa vie, s'est passionné pour la formation du marin, m'écrivait : « A la Trinité, à Gâvres, à Kerlobras, de jeunes instituteurs dévoués et qualifiés se désolent du peu d'intérêt que les jeunes marins, difficilement recrutés par eux, mettent à suivre les cours, d'une façon d'ailleurs tout à fait discontinue, et du peu de sérieux avec lequel ils envisagent leur avenir dans la carrière qu'ils ont embrassée. » Ce témoignage est confirmé par tous ceux que j'ai recueillis le long de ma route. Les administrateurs de l'inscription maritime constatent, sans exception, cette indifférence. M. l'Inspecteur d'Académie du Finistère m'écrit : « L'incuriosité des adultes pour les choses de la mer frappe les inspecteurs. (A Pouldreuzic, la plupart des enfants de 12 ans n'ont jamais été conduits à la grève distante de 3 ou 4 kilomètres, et ils n'y sont pas allés seuls.) Les marins-pêcheurs eux-mêmes ont un profond mépris pour tout ce qui est « enseignement » et leur semble « théorique ». Ainsi l'école de pêche de Douarnenez, bien installée, dotée d'un matériel abondant, pourvue de trois professeurs (outre l'administrateur, un commis de l'Inscription maritime et un ex-premier maître de la Marine marchande), n'a reçu cette année (1927) que 20 élèves, alors que 5.000 marins sont inscrits au port. »

De combien d'erreurs, de bévues et d'accidents cet état d'esprit est-il responsable ? Combien de fois a-t-il compromis la sécurité de nos marins ; et, si l'on chiffrait en argent ce qu'il leur a coûté, quelles sommes n'atteindrait-on pas ? J'en citerai seulement une conséquence immédiate, le cas d'un armateur renonçant à construire des bateaux, parce qu'il n'était pas certain d'en assurer le commandement.

Mais, incompétent en la matière, je laisse aux congressistes le soin d'apporter sur la question les clartés et les précisions nécessaires. L'état d'esprit révélé par des faits que l'on ne conteste pas, et que j'ai cru devoir signaler, intéresse trop directement l'avenir de la pêche et des industries maritimes pour échapper à leurs préoccupations.

Pour créer de nouvelles habitudes d'esprit, pour développer l'instruction générale et professionnelle des populations côtières, que fait-on et que peut-on faire à l'école élémentaire et après l'école élémentaire ?

II. L'ENSEIGNEMENT MARITIME
A L'ÉCOLE ÉLÉMENTAIRE

Depuis 1898, des notions d'enseignement nautique sont données dans les écoles du littoral. A la suite du Congrès de sauvetage de Saint-Malo (1894), avait été créée la Société *L'Enseignement professionnel et technique des pêches maritimes*. Sous son impulsion, — et je dois nommer ici le fondateur de la Société, M. Cacheux, et son premier président, M. Coutant, inspecteur général de l'Instruction publique — une Commission interministérielle fut instituée par la Marine dont dépendait alors l'enseignement maritime et l'Instruction publique. Un arrêté, en date du 20 septembre 1898, introduisit une épreuve nautique au certificat d'études. Deux programmes étaient établis : l'un pour le cours moyen, l'autre pour le cours supérieur. Une circulaire précisait le caractère de la réforme : « Il n'est nullement question, y est-il écrit, de donner aux jeunes élèves du cours moyen un enseignement approfondi des diverses matières contenues dans le programme. Ce que l'on demande à l'instituteur, c'est de faire des leçons de choses, de s'en tenir à des notions élémentaires pratiques, appuyées sur ce que l'enfant voit chaque jour. »

Le programme du cours supérieur, plus approfondi, avait un caractère nettement professionnel. Dans la pensée de ses rédacteurs, comme de la Société de *l'Enseignement des pêches maritimes*, il devait convenir, non seulement aux adolescents, mais aux adultes.

La liste des écoles où seraient données ces « leçons de choses appropriées à la profession du marin et du pêcheur » devait être arrêtée par le Conseil départemental et la préparation des instituteurs assurée dans les écoles normales.

En somme, on entreprenait, sur les côtes, pour l'enseignement nautique, un effort analogue à celui qui était poursuivi dans les écoles rurales, pour l'enseignement agricole.

La guerre avait désorganisé surtout l'enseignement maritime donné dans les écoles de pêche, mais aussi le petit enseignement maritime donné au cours moyen. Dès le retour des instituteurs, il fut repris. En 1921, M. l'Inspecteur général Gilles trouva sur sa route « d'intéressants programmes de leçons de choses appropriées à la profession du marin et du pêcheur ». Comme il le remarque, les conférences pédagogiques de 1919, consacrées au travail manuel, avaient fourni l'occasion de préciser les directions tracées par l'arrêté du 20 septembre 1898.

La réforme de l'école primaire, les arrêtés du 19 juillet 1917 et du 24 février 1923 émurent le Sous-Secrétariat d'État de la marine marchande. Il exprima la crainte que le programme de 1898 fût considéré comme caduc. Il y avait là un malentendu. Une circulaire remit les choses au point.

En 1927, à sa demande, de sérieuses modifications furent apportées au régime instauré en 1898.

Un arrêté du 9 février limita l'enseignement donné dans les écoles élémentaires au programme indiqué par l'arrêté du 20 septembre 1898 pour le cours moyen. Le programme du cours supérieur, d'ordre technique, disparaissait des écoles élémentaires. « Les notions d'ordre technique qui figuraient au programme du cours supérieur seront, à l'avenir, données dans les écoles de pêche. Elles constitueront, d'autre part, une partie du programme des sections d'enseignement maritime de nos écoles primaires supérieures. » Nous reviendrons plus loin sur cette modification.

Répondant aux justes préoccupations du Sous-Secrétariat de la Marine marchande, le Ministre de l'Instruction publique recommandait, la forme du certificat d'études ayant été modifiée, de choisir des sujets empruntés au programme d'enseignement nautique pour les candidats présentés par les écoles du littoral. « Les élèves de ces écoles doivent être avertis que la 4e épreuve écrite du certificat d'études primaires élémentaires et l'épreuve de travail manuel peuvent toujours porter, en ce qui les concerne, sur le programme obligatoire de l'enseignement maritime. »

La même année, on revisa la liste des écoles primaires dans lesquelles doit être obligatoirement donné l'enseignement maritime. Les besoins, en effet, se modifient d'une époque à l'autre. C'est ainsi qu'en 1922, M. Henry signalait que, dans le Morbihan, des écoles comme celles de Noyalo, de Locmariaquer avaient substitué l'enseignement agricole à l'enseignement nautique, tandis que celles de Lomener-en-Ploemeur et de Kerlobras-en-Groix étaient venues à l'enseignement nautique.

Une difficulté naît, on le voit, de ce que, dans un assez grand nombre d'écoles, les fils de pêcheurs sont en minorité. Est-ce une raison pour qu'ils ne reçoivent pas l'enseignement maritime ? Et, en ne le leur donnant pas, ne risque-t-on pas de contrarier leur orientation ? Je crois bien que, sur les côtes, il n'y aurait que des avantages à donner des notions sur la mer et la navigation, c'est-à-dire sur l'ambiance, à tous les enfants, même à ceux qui ne doivent pas être marins. Voici comment le problème est résolu dans l'Ille-et-Vilaine : « Là où la proportion des enfants de marins est nombreuse, il fait l'objet de leçons de choses distinctes. Dans les écoles où le nombre des fils de marins est peu élevé, il est impossible d'organiser un enseignement sous forme de leçons spéciales qui ne conviendraient pas à l'ensemble de l'effectif. Ces notions sont rattachées aux leçons de sciences et présentées sous forme d'applications à la vie maritime. »

Sur le nombre des écoles où est donné l'enseignement maritime, voici quelques renseignements (1927) pour le Finistère, le Morbihan et l'Ille-et-Vilaine.

« FINISTÈRE : 35 écoles, sous forme de leçons spéciales (leçons de choses). Dans quelques écoles, exercices pratiques, visites de bateaux. — MORBIHAN : obligatoire dans 32 écoles, facultatif dans 5. Dans la circonscription d'inspection primaire de Lorient, un programme limitatif de géographie a été établi. Un programme limitatif de sciences appliquées à l'enseignement nautique est en préparation. — ILLE-ET-VILAINE. *Élèves recevant cet enseignement.* L'enseignement maritime est donné dans 27 communes ou sections de communes comptant une population scolaire de

3.900 enfants. La proportion des fils de marins est d'environ 850,
soit le cinquième, mais elle est très inégale suivant les localités :
elle atteint les 3/4 de l'effectif total dans *une* seule commune ; les
2/3 dans *une* commune également ; la moitié dans deux communes ;
le tiers dans quatre communes ; le quart dans trois communes ; le
cinquième dans deux communes ; le septième dans deux communes ;
le huitième dans deux communes.

« Pour les 10 autres communes, la proportion est faible et varie
entre le 1/10e et le 1/17e. Il y a lieu de remarquer, en outre, que
le nombre des enfants de marins diminue et que des communes
qui en fournissaient un fort contingent n'en ont presque plus à
l'heure actuelle. La rude vie de marin est de plus en plus abandonnée et les populations littorales se tournent vers la culture, plus
rémunératrice depuis la guerre. »

Pour donner cet enseignement, les maîtres reçoivent une préparation dans les écoles normales des départements côtiers. Depuis
1920, le Brevet supérieur comporte une épreuve à option portant
« soit sur l'agriculture et les sciences appliquées à l'agriculture,
soit sur les applications des sciences à l'industrie, soit sur l'enseignement nautique ». Il est, en outre, spécifié que les maîtres
chargés de l'enseignement nautique seront choisis de préférence
parmi les maîtres qui posséderont la mention correspondant à cet
enseignement.

A l'école normale de Vannes, l'enseignement a été régulièrement
donné depuis 1899 par M. Aignam, dont le cours a été publié sous
le titre de *Introduction à l'étude de la Navigation*, puis par
M. Henry, enfin par M. Guitel. En fin d'année a lieu un examen
spécial de théorie et de pratique devant une Commission dont fait
partie un ancien capitaine au long cours. Voici les résultats pour
les trois dernières années : 1924 : 16 présentés, 13 reçus ; 1925 :
18 présentés, 12 reçus ; 1926 : 18 présentés, 12 reçus. Un certificat
est délivré qui, d'ailleurs, — et là il y aurait quelque chose à faire
— n'a aucune valeur officielle.

A l'école normale de Quimper, les élèves de 3e année ont le choix
entre trois sections spéciales : section agricole, section des sciences
appliquées à l'industrie, section nautique. Cette dernière comprend
12 à 14 jeunes gens, jamais plus, le matériel dont on dispose étant
limité.

« Notre enseignement, m'écrit le directeur, conforme aux programmes officiels, est purement théorique ; le travail se fait sur
cartes marines. Je monte bien chaque année une petite traversée

(Douarnenez-Sein en 1925, Quimper-Iles Glénans en 1926), mais le profit qu'élèves et professeurs peuvent en tirer demeure maigre.

« Et cependant, j'ai ici des élèves d'origines et de goûts tels que les écoles de pêche devraient être leur destination naturelle. Je compte, en 3ᵉ année, 10 fils de marins ; 7 ont pratiqué la pêche et la pratiquent encore durant les grandes vacances (crustacés, sardine, thon, la pêche au thon comportant des croisières de 10 à 30 jours). En 2ᵉ année : 4 fils de marins ; en 1ʳᵉ année : 10. L'enseignement théorique de l'École normale complète, pour ceux-là, un savoir empirique qui ne manque ni d'étendue, ni de solidité. »

On voit que, par leurs études spéciales et, souvent aussi, par leurs origines, les instituteurs sont en état de donner l'enseignement maritime, et non pas seulement cet enseignement élémentaire prévu pour le cours moyen, par l'arrêté du 20 septembre 1898. Il ne faut pas oublier qu'ici il s'agit avant tout de mathématiques appliquées, auxquelles est préparé l'élève-maître pendant son séjour à l'école normale. Ils sont donc qualifiés pour donner l'enseignement théorique. Ne serait-il pas possible et désirable de compléter cette préparation ? Rapportant, en 1913, le projet de loi sur le recrutement de l'armée de mer, M. Le Bail proposait que l'on organisât pour les instituteurs des cours de vacances, cours au service desquels serait mis un bateau-école. La Marine marchande et l'Instruction publique ont parfois envisagé des stages dans les écoles de navigation. Cette liaison n'aurait que de bons effets. Il y a quatre ans, un élève sortant de l'École normale de Saint-Brieuc fut détaché à l'École de navigation de cette ville et en sortit premier. Aspirant de réserve de marine, il est actuellement chargé de cours de nautique à l'école primaire supérieure de Tréguier.

D'autre part, le Directeur de l'École normale de Quimper me communique un projet facile à réaliser : « La semaine dernière, j'ai visité avec les élèves de 3ᵉ année l'école des mousses de Brest : Navire l'*Armorique*. Il y avait déjà entre l'École des mousses et l'École normale une certaine liaison : c'est ainsi que deux de mes anciens élèves font actuellement, en qualité d'instituteurs, leur service militaire à bord de l'*Armorique* ; ils s'y perfectionnent en « nautique » au contact des instructeurs, et durant les quelques croisières qu'ils font avec les mousses. Or, le commandant de l'*Armorique* désirerait avoir un plus grand nombre d'anciens élèves-maîtres à son bord ; il est très satisfait de leur esprit et de leurs services. J'ai donc envisagé la possibilité d'une entente plus étroite : le commandant de l'*Armorique* m'indiquerait ses besoins, et moi je lui désignerais, parmi les élèves faisant leur service, ceux qui me paraîtraient susceptibles de le bien seconder, en même temps que de profiter de leur séjour à l'École des mousses ».

La difficulté n'est donc pas dans le recrutement ou la compétence des maîtres. Quelques compléments apportés à leur préparation, des avantages attachés à la possession d'un certificat spécial, et l'organisation deviendrait aisément régulière. L'exemple d'instituteurs, disparus ou en fonction, directeurs ou non d'écoles de pêches, prouve que l'on peut autant compter sur leur science que sur leur dévouement.

L'école élémentaire a-t-elle accompli sa tâche, quand elle a développé le programme de 1899 ? Ce qui a été constaté plus haut ne permet pas une réponse affirmative. Des enfants renoncent à la profession paternelle et se dirigent vers des carrières indécises. Des adolescents embrassent la carrière de pêcheurs sans se soucier d'apprendre leur métier. Dans l'un et l'autre cas, l'école élémentaire ne peut demeurer indifférente. On ne demande pas à l'instituteur de créer des illusions dans l'esprit des enfants ni de les retenir à la mer par des peintures lyriques, parfois mensongères. Mais une information exacte, plaçant à côté des inconvénients ou des périls les avantages du métier, la comparaison avec d'autres professions considérées dans le même esprit, sont légitimes et peuvent être efficaces. C'est de l'orientation professionnelle, sagement conçue, et fortement appuyée, si les industriels, les groupements ouvriers, les spécialistes du marché du travail sont en état d'apporter et apportent aux maîtres des éléments de décision que ces derniers ne possèdent pas

Et, en second lieu, il importe de dire et de redire aux enfants que tout métier s'apprend, quel qu'il soit, et que le succès est lié à l'apprentissage. Ce n'est pas à l'école de pêche et dans n'importe quelle école qu'ils puiseront cette conviction, puisqu'ils ne les fréquenteront pas, s'ils n'en ont pas été pénétrés auparavant.

Mais, pour que ces résultats soient obtenus, pour que la postécole fasse vraiment suite à l'école, il faut que la fréquentation ait été régulière. Actuellement, les statistiques le prouvent, elle ne l'est pas. Si les pêcheurs ne viennent pas à l'école de pêche, c'est trop souvent parce qu'ils se reconnaissent incapables d'en suivre les cours. Et, trop souvent aussi, ceux qui la fréquentent attestent par leur ignorance l'irrégularité de leur fréquentation primaire.

Une fois de plus, nous rencontrons cette question liée à la situation économique du pays ; une fois de plus, nous souhaitons que les producteurs le comprennent et ne se désintéressent pas de la première éducation des marins.

III. — L'ENSEIGNEMENT MARITIME AU COURS D'ADULTES

En écrivant ce titre, nous avons voulu marquer notre intention de limiter le sujet. Nous laisserons de côté les écoles de navigation ainsi que les lycées, les écoles supérieures qui y préparent, comme celle de Tréguier. Comme le programme du Congrès annonce deux rapports de M. Bronkhorst et de M. Labbé, l'un sur les écoles de pêche, l'autre sur l'enseignement technique, nous ne parlerons qu'incidemment des unes et de l'autre. Nous voudrions simplement rechercher sous quelles formes nos écoles publiques peuvent fournir aux enfants parvenus au terme de la scolarité obligatoire et aux adultes, pendant les périodes plus ou moins longues de débarquement, les moyens de se perfectionner dans leur profession.

Cette question n'a jamais cessé de préoccuper la Marine marchande, et l'on se rappelle les efforts de MM. Chéron, Bouisson, de M. Ajam, de M. Rio. La Société *l'Enseignement professionnel et technique des pêches maritimes*, où l'actif M. Pérard a remplacé le fondateur de la Société, M. Cacheux, ne s'est jamais désintéressée d'un problème qui avait été la raison d'être de son institution. La *Ligue maritime*, à plusieurs reprises, a souligné l'importance de la formation professionnelle. En 1908, elle émettait un vœu tendant à ce que :

« 1° Le Gouvernement encourage et favorise par tous les moyens l'évolution de la pêche vers le large, en organisant, au double point de vue professionnel et théorique, l'enseignement nautique dans les écoles de pêche, en donnant un statut et des garanties aux maîtres et aux élèves des diplômes officiels à plusieurs degrés leur conférant des avantages assurés dans leur carrière militaire professionnelle ;

« 2° Des musées scolaires de pêche soient installés dans les écoles du littoral ;

« 3° La création d'écoles professionnelles de pêche exactement adaptées aux besoins de l'Algérie soit réalisée par les soins des administrations intéressées. »

En 1921, M. Gilles, inspecteur général de l'Instruction publique, avait étudié le problème avec sa pénétration habituelle. Une enquête trop brève que je viens d'entreprendre en vue du Congrès dans le Morbihan et le Finistère m'a conduit à accepter ses conclusions que je donnerai plus loin.

Rappellerai-je encore le rapport de 1913, où M. Le Gail met en pleine lumière la nécessité de l'enseignement maritime pour la marine de guerre comme pour la marine marchande ? Les motifs invoqués prennent de jour en jour un caractère plus impératif.

Que se propose-t-on ? On veut donner les connaissances théoriques qui ne s'acquièrent qu'à l'école ; éclairer la pratique elle-même par des explications, des observations, des démonstrations qui n'ont pas leur place à bord ; vulgariser les progrès réalisés par le concours de l'industrie et de la science, le tout afin d'assurer la sécurité du travailleur et le meilleur rendement du travail. Tous, dira-t-on, n'ont pas besoin de cet enseignement. Mais tous ont besoin de comprendre ce qu'ils font et de dominer leur tâche. Et tous ont besoin de connaître les règles d'hygiène et d'avoir une culture suffisante pour participer consciemment au travail organisé. C'est bien là ce qu'entendait M. Baudin, ministre de la Marine, quand, le 20 mai 1913, au Sénat, il ne séparait pas la formation professionnelle de la formation intellectuelle et de l'éducation hygiénique. M. Girault, directeur au Sous-Secrétariat d'État, a dit de même : « L'école primaire d'abord, et l'école professionnelle ensuite, devront jouer un rôle de plus en plus important parmi nos populations bretonnes, au point de vue de l'instruction générale aussi bien que de l'éducation professionnelle. »

Les examens règlent l'enseignement. La préparation aux brevets prévus dans le décret du 18 mars 1919 est organisée dans les écoles de navigation ; on se prépare à ces écoles dans les lycées, les écoles supérieures, les écoles pratiques, les cours complémentaires, les écoles de pêche. Il semble bien qu'ici l'organisation réponde aux besoins.

La préparation aux brevets prévus dans le décret du 20 juillet 1924, modifié par celui du 3 mars 1927, est donnée tout d'abord dans les écoles de pêche, ensuite dans des cours complémentaires, dans des cours supérieurs, dans quelques cours d'adultes. Et ici il est évident que les besoins ne sont pas satisfaits.

En fait, sauf pour quelques adolescents qui fréquentent le cours supérieur ou le cours complémentaire d'une façon continue, il s'agit de cours saisonniers, de cours d'adultes.

Le premier obstacle auquel on se heurte, c'est l'indifférence que nous avons signalée au début. Les écoles de pêche n'ont pas l'effectif qu'elles devraient atteindre, et, dans les autres cours, le nombre des élèves est souvent assez bas. Là seulement où le maître est installé depuis longtemps, où son influence est établie, où il agit sur les grands comme sur les petits, il trouve des auditeurs.

Faut-il donc envisager l'obligation de suivre les cours dans des conditions déterminées ? M. Le Bail écrivait en 1913 : « Combien il serait facile d'astreindre à la fréquentation de l'école primaire prolongée et de cours professionnels nautiques les mousses et même les novices de la pêche, lorsque le retour des campagnes des grandes pêches leur fait des loisirs, ou encore pendant les périodes de chômage forcé auquel se trouvent condamnés les mousses si nombreux de la petite pêche bretonne, qui ne peuvent songer, l'hiver, à affronter, dans leurs barques non pontées, une mer toujours courroucée !

« Pendant des semaines et même de longs mois, ils sont sans occupation sérieuse, livrés aux suggestions mauvaises de l'oisiveté et aux dangers de la rue et du cabaret qui les guettent déjà. »

Que cette astreinte soit désirable, certes ; mais qu'elle soit aisée à établir et qu'elle soit aisément acceptée, nous ne le croyons pas. Ce n'est pas tout de suite que l'obligation des cours industriels a été une réalité, et pourtant elle atteignait des apprentis employés toute l'année et dont il était facile d'exiger et de constater l'assiduité. Cette condition n'est pas remplie pour des mousses ni pour des marins.

La loi du 27 juillet 1919 a été déclarée exécutoire dans un certain nombre de communes côtières. Un arrêté du 4 janvier 1927 a reconnu nécessaire la création de cours professionnels obligatoires dans les communes de Concarneau et de Douarnenez. Ces cours seront-ils obligatoires dans la réalité ?

Nous avons meilleure confiance, pour notre part, dans les moyens de persuasion : avantages d'un enseignement complémentaire démontrés dès l'école élémentaire, avantages nettement déterminés accordés par la marine de guerre aux jeunes gens qui auraient reçu cet enseignement (1), encouragement accordé par les municipalités, les départements, la Ligue maritime, etc.

L'indifférence n'est pas toujours volontaire. Des jeunes gens ne s'instruisent pas, parce qu'ils ne trouvent pas sur place les moyens d'instruction nécessaires. Ce qu'écrivait M. Le Bail n'est pas moins exact en 1927 qu'en 1913 : « On ne peut pas imposer à des familles peu fortunées l'obligation de conduire leurs enfants dans une ville éloignée ou voisine pour suivre les cours d'une école de pêche ». Ajoutons que la période de débarquement est souvent trop courte pour qu'il soit question d'un déplacement. M. James me disait, à

---

(1) Nous lisons, dans un rapport daté de 1918 : « On me signale que le quartier maritime de Quimper a eu, depuis 1911, tous ses inscrits affectés à une spécialité, et que ce résultat sans précédent est dû à l'enseignement nautique donné aux élèves des écoles de ce quartier ».

Etel, que des marins, débarqués pour trois ou quatre jours, revenaient à l'école faire des problèmes. Ils se placent dans le fond de la salle et, d'un signe, appellent le maître quand ils sont embarrassés.

Comme on ne peut multiplier les écoles spéciales de pêche, qui nécessitent un personnel particulier n'enseignant que quelques mois de l'année, la solution semble bien celle que recommandait M. Gilles, parce qu'avec des moyens modestes et à peu de frais, elle permettait des réalisations rapides :

« Multiplier et fortifier les organisations spéciales instituées depuis 1898 dans les écoles élémentaires du littoral.

« En particulier, généraliser les cours supérieurs ou complémentaires qui, pendant une partie de l'année, réunissent dans des enseignements communs des adultes ayant navigué et des élèves d'âge scolaire, et appliquer des programmes adaptés à cette double clientèle (ces cours conservent du reste les cadets toute l'année scolaire). Donner aussi aux cours d'adultes l'orientation que réclament les circonstances. »

Qu'on nous comprenne bien : il ne s'agit pas d'incorporer l'enseignement maritime complémentaire dans l'école primaire ; il s'agit seulement, là où il n'existe pas d'établissement spécial et où l'on ne peut songer à en créer, d'utiliser, pour l'enseignement théorique, le personnel de nos écoles.

Utilisation des locaux scolaires ou de locaux qui seraient affectés à ces cours par les municipalités ; utilisation du personnel rétribué par l'Instruction publique, concours de techniciens rétribués sur la taxe d'apprentissage qui supporterait également les frais du matériel scientifique ; emploi du temps et programmes arrêtés, suivant les besoins locaux, par la Marine marchande et l'Instruction publique ; contrôle assuré par ces deux administrations : ces conclusions de M. Gilles furent acceptées par la Marine marchande. Une seule difficulté était soulevée : la rétribution du personnel auxiliaire. L'institution de la taxe d'apprentissage l'a fait disparaître.

Si M. Gilles préconisait cette organisation, c'est qu'il l'avait vu fonctionner. A Etel, à Lesconil, il avait trouvé « des cours supérieurs accueillant, chaque jour, matin et soir, une trentaine d'élèves, dont une fraction étaient des hommes revenus sur les bancs de l'école pour préparer leurs diplômes de navigation. »

J'ai visité moi-même le cours supérieur d'Etel qui porte aujourd'hui le titre d'Ecole de pêche. Peu importe l'étiquette. L'essentiel est que l'organisme rende les services escomptés.

Voici quelques renseignements sur ce cours :

« *Fréquentation* : 45 élèves d'âge variant entre 13 ans et 30 ans et parfois plus. Très grande assiduité pendant au moins 5 mois (hiver surtout). L'école reçoit en outre chaque année en mai et juin des patrons ou matelots qui viennent apprendre à faire le point des thoniers. (Usage de l'octant et de la carte, 16 de ces élèves supplémentaires en 1926). Elle reçoit encore des jeunes gens qui viennent à l'école passer quelque temps avant leur départ au service dans la flotte. Ils rafraîchissent leurs connaissances, ce qui leur permet de faire des brevetés timoniers, gabiers, tourriers, quartiers-maîtres. D'autres enfin (de 15 à 18 ans) se préparent à suivre des cours dans les écoles d'hydrographie.

« Au total : une population scolaire extrêmement variée, qui trouve un directeur adaptant son enseignement à tous les cas (souvent 4 ou 5 divisions à la fois).

« *Organisation* : Ce cours supérieur de l'école d'Etel a pris le titre d'École de pêche, avec statuts, Conseil d'administration...

« *Collaborateurs* : Un pilote-major de la flotte, en retraite, pour la partie pratique (manœuvre), et un mécanicien de la flotte, en retraite, pour la machine et le moteur.

« *Ressources* : Versement volontaire de 50 francs par thonier et par an. Taxe d'apprentissage versée par les armateurs.

« *Résultats* : 40 candidats admis au certificat de capacité en 1925-26.

Et M. l'Inspecteur primaire de Lorient, qui a rédigé cette note, dont j'ai pu vérifier l'exactitude, ajoute : « Toute une génération s'élève peu à peu au-dessus du niveau ordinaire des pêcheurs. Aux points de vue matériel, intellectuel et moral, elle sera supérieure à son milieu, sans avoir le goût de le quitter. »

Si j'ai pris l'école d'Etel comme type, c'est parce que je n'en avais pas visité d'autres, et aussi parce qu'on m'en avait signalé les résultats. Mais M. James, qui la dirige, n'est pas le seul instituteur qui ait rendu d'excellents services à la marine et à la pêche, et l'on m'a cité plusieurs cours supérieurs ou cours complémentaires, où se donne efficacement l'enseignement professionnel maritime.

Toutes les écoles n'ont pas cinq classes comme celle d'Etel, et, par suite, il n'est pas toujours possible de spécialiser un cours supérieur. Assez souvent il faudra donner l'enseignement sous forme de cours d'adultes. Actuellement, la fréquentation de ces cours est irrégulière, ainsi que je l'ai dit. On devra tendre à l'améliorer par une organisation s'inspirant de l'importante circulaire ministérielle du 4 décembre 1926. Cette circulaire, qui porte la signature de M. Herriot, préconise la liaison, au cours d'adultes, de l'enseignement général et de l'enseignement professionnel. Nulle part, cette conception n'est plus juste que pour l'enseignement maritime. La collaboration de l'instituteur et du technicien, rétribués sur la taxe d'apprentissage, donnera au cours un caractère professionnel qui doit attirer et retenir les auditeurs.

Cette collaboration me semble d'ailleurs nécessaire, même là où il existe une école de pêche. Il se produit là ce qui a été constaté dans tous les cours professionnels : beaucoup de jeunes gens se présentent qui ont oublié, ou qui, ayant mal fréquenté l'école primaire, n'ont jamais possédé le petit bagage scientifique nécessaire pour aller plus loin. Il faut des leçons préparatoires pour rafraîchir ou enseigner ces connaissances. Visitant l'école de pêche de Concarneau, j'ai trouvé le directeur en train d'apprendre la division à l'un de ses élèves. N'avait-il pas mieux à faire, et ce soin n'aurait-il pas été plus utilement confié à un instituteur ?

Ce niveau inférieur, qui s'explique aussi bien par la mauvaise fréquentation que par le retard de la France à prolonger l'obligation scolaire jusqu'à 14 ans, comme l'Angleterre, l'Allemagne, etc., est un danger, et il ne peut avoir que de regrettables conséquences sur l'industrie. Il s'oppose à l'effort de la Marine marchande pour hausser ses programmes. Il a fallu, par le décret du 3 mars 1927, apporter un tempérament au décret du 30 juillet 1924, et je me suis laissé dire que l'on souhaitait un abaissement plus marqué. Faut-il affaiblir les programmes plutôt que d'en renforcer la préparation ? Et les intérêts économiques, bien compris, ne prescrivent-ils pas qu'on ait un personnel plus instruit et mieux préparé ?

Jusqu'à présent, nous n'avons parlé que de la marine, de la pêche. Mais une partie des industries maritimes s'exerce à terre et demande une main-d'œuvre et des cadres exercés. Pour la formation de cette main-d'œuvre, de ces cadres, il faut également ouvrir des cours professionnels, organisés eux aussi avec la collaboration des instituteurs et des techniciens, sous le régime de la loi du 25 juillet 1919.

En 1908, sur un rapport de M. Pérard, une Commission des écoles de pêche avait rédigé un projet de décret prévoyant l'institution d'un Comité départemental. En 1919, M. Henry demandait au Conseil général du Morbihan la création d'un Office départemental maritime, analogue à l'Office départemental agricole. Le

Conseil général ne le suivit pas, non qu'il désapprouvât ses intentions, mais parce qu'il considérait une semblable création comme en dehors de sa compétence. Le Comité départemental de l'Enseignement technique peut-il remplir cet office ? Si tous les intérêts n'y sont pas également représentés, il ne serait pas difficile de porter remède à cette insuffisance. En tous cas, il importe qu'un organisme réunisse toutes les compétences, tous les représentants des industries maritimes dans leur complexité, qu'il détermine les besoins et indique ce qui doit être fait pour y répondre. C'est de là que viendraient les informations, nécessaires à l'école pour s'adapter à la vie, nécessaires pour que l'action commune de la Marine marchande, de l'Instruction publique et de l'Enseignement technique s'exerce pleinement dans l'intérêt du pays.